Alle Jahre wieder

Lieder, Verse und Geschichten
zur Weihnachtszeit
von Lore Hummel

Engelbert Dessart Verlag · München

Alle Jahre wieder

1. Alle Jahre wieder kommt das Christuskind auf die Erde nieder, wo wir Menschen sind.

2. Kehrt mit seinem Segen
ein in jedes Haus,
geht auf allen Wegen
mit uns ein und aus.

3. Steht auch mir zur Seite
still und unerkannt,
daß es treu mich leite
an der lieben Hand.

Worte: Wilhelm Hey

Leise rieselt der Schnee

Leise rieselt der Schnee,
still und starr ruht der See,
weihnachtlich glänzet der Wald.
Freue dich, Christkind kommt bald!

In den Herzen wird's warm,
still schweigt Kummer und Harm.
Sorge des Lebens verhallt,
freue dich, Christkind kommt bald!

Bald ist Heilige Nacht,
Chor der Engel erwacht.
Hört nur, wie lieblich es schallt:
Freue dich, Christkind kommt bald.

Advent, Advent

Advent, Advent,
ein Lichtlein brennt,
erst eins, dann zwei,
dann drei, dann vier,
dann steht das
Christkind vor der Tür.
Volksgut

Weißt du, wieviel Sternlein stehen?

Weißt du, wie-viel Stern-lein ste-hen an dem blau-en Him-mels-zelt? Weißt du, wie-viel Wol-ken ge-hen weit-hin ü-ber al-le Welt? Gott der Herr hat sie ge-zäh-let, daß ihm auch nicht ei-nes feh-let an der gan-zen gro-ßen Zahl, an der gan-zen gro-ßen Zahl.

Sternleins erste Reise
Eine himmlische Abenteuergeschichte

Seht, ein Sternlein, liebe Kinder,
schlüpft dort aus der Himmelstür;
lustig schneit's, denn es ist Winter,
und es dämmert schon um vier.

Nordwind bläst, die Wolken schaukeln
an dem dunklen Himmelszelt,
unser Sternlein blickt voll Sehnsucht
stumm hinunter auf die Welt.

Silberstrahl, das Sternenkind,
denkt: Wie wär' es wunderschön,
drunten, wo die Kinder sind,
einmal durch die Stadt zu gehn.

Eine Reise möcht' ich machen,
eine Reise weit und groß!
Hier ist immerzu dasselbe,
und es ist fast gar nichts los.

Ach könnt' ich durch all die Gassen
einmal laufen froh und munter,
in die Fenster alle schauen -
doch wie komm' ich da hinunter?

Silberstrahl schließt leis' das Tor. -
Alsdann schaut er noch geschwind
hinter einer Wolke vor,
wo die andern Sterne sind.

Diese gehn in langer Reih'
eben mit dem Mond vorbei.

Heute sind's zwölftausendsieben
mit dem großen Himmelswagen.
Wo der Achte ist geblieben,
weiß kein einziger zu sagen;
dieser Achte hat indessen
schon gefehlt beim Abendessen.

Silberstrahl, der achte Stern,
träumt und blickt zur Erde fern -
stößt sich an 'nem Wolkeneck,
plumps, da ist der Kleine weg!

Rasend fällt er in das Dunkel
aus dem Sternenlichtgefunkel,
doch das freut ihn gar nicht sehr,
und er schreit: „Ich mag nicht mehr!
Hilfe! Hilf, ich fall' so tief!
Und mein Sternenschein sitzt schief!"

Dichter fällt der weiche Schnee,
doch da landet schon der Gute
überm Weihnachtsmarkt, juchhe!
Auf dem Dach der Würstchenbude.

Gott sei Dank! Passiert ist nix,
und die Reise ging ganz fix.

Unser Sternlein, wieder munter,
rutscht geschwind
vom Dach herunter.
Plötzlich kriegt es einen Schreck,
denn sein Sternenschein ist weg.
Eifrig sucht's am ganzen Ort,
doch der Sternenschein ist fort!
Macht nix, denkt der Kleine drauf,
denn jetzt fall' ich nicht so auf.
Und dann lenkt er seine Schritte
zu des Weihnachtsmarktes Mitte.
„Ach", ruft er, „wie ist's hier schön,
und was kann man alles sehn!"

Bilderbücher, Puppenstuben,
große Bälle, kleine Bällchen,
Teddybären und Trompeten,
Kasperle und Pferdeställchen,
all das gibt's und noch viel mehr!
Unser Sternlein staunt gar sehr!

Dort, den braunen Pfefferkuchen
möchte Silberstrahl versuchen,
aber er hat gar kein Geld.
Zwar auf unsrer schönen Welt
muß man leider allemalen,
wenn man etwas will, bezahlen.

Rauschgoldengel, Glitzersterne,
Püppchen, Kreisel,
Pferd und Wagen,
Kuchenherzen, Zuckerkringel,
Türkenhonig für den Magen.

Doch die große, dicke Frau
in der Zuckerbude, schau -
schenkt voll Mitleid
und recht gern
einen Kuchen unserm Stern.

Silberstrahl hätt' sich beim Kauen
an dem Kuchen bald verschluckt,
denn die vielen Leute schauen
plötzlich her, und alles guckt;
einer ruft ganz unverschämt:
„Seht, der hat ja nur ein Hemd!"

Anderntags marschiert gar munter
Silberstrahl zum Fluß hinunter.
Bei der Brücke dort am Eck,
vor dem großen, schönen Laden,
bleibt er stehn
in freud'gem Schreck:

Denn dort kann man
Höschen haben,
Jäckchen, Strümpfe,
Mäntelein -
halt, denkt er,
da geh' ich rein!

„Klingling", macht die Ladenschelle,
Silberstrahl tritt ein voll Scheu -
doch da kommt schon auf der Stelle
die Verkäuferin herbei,
sieht das Hemd - und ist erschrocken.
„Ach, du armes, armes Kind!
Oh, du trägst ja nicht mal Socken",
und sie sieht sich um geschwind:
„Hast kein Geld, ich kann mir's denken,
will dir schnell ein Höschen schenken!"
Hastig greift sie ins Regal.

Seht den kleinen Silberstrahl,
wie er freudig ganz allein
in die Hose schlüpft hinein,
und er denkt sich voll Humor:
Gut, daß ich den Schein verlor!
Silberstrahl mit neuem Höschen
schreitet munter durch die Gassen,
froh, daß ihn die Leute heute
allerseits in Ruhe lassen,
und beim Schreiner Hämmerlein
schaut er schnell ins Fenster rein.

Drinnen geht es: „Klopf, klopf, klopf",
und es dampft der Leim im Topf.

Da ruft Meister Hämmerlein:
„He, mein Junge, komm nur rein,
einen Lehrling brauch' ich immer,
kannst bei mir viel lernen gar.
Bist ja sicher auch nicht dümmer,
als der andere vor dir war."

„Guten Tag", sagt Silberstrahl,
„gut, versuchen wir's einmal!"

An der Hobelbank alsdann
zeigt das Sternlein, was es kann,
hobelt, daß die Späne fliegen,
Brettchen glatt für Puppenwiegen.

Hier sieht man auf allen vieren
fleißig unsern Stern hantieren,
und er hämmert, sägt und leimt,
bis der Wagen fertig scheint.

Nach zwei Tagen hat es leider
schon genug und möchte weiter.
Einen Taler blitzeblank
schenkt der Meister ihm zum Dank.

In der hübschen Stadt am Fluß
wohnt der Bäcker Zuckerguß.

Große Torten, rund und schön,
Zuckerkringel, Honigkuchen
kann man in dem Laden sehn.
Sternlein denkt: Will's mal versuchen,
und es fragt recht freundlich an,
ob's der Meister brauchen kann.

Silberstrahl lernt nun geschwind,
wie aus Zucker, Butter, Zimt,
Mehl und Eiern mit Bedacht
einen guten Teig man macht.

Wie man feine Torten backt,
Mandeln schneidet, Nüsse hackt,
Brezeln formt, und dann zum Schluß,
wie man rührt den Zuckerguß.

Unser Sternlein lernt recht tüchtig,
denn ein Bäcker, der ist wichtig!
Als den dritten Tag es buk,
hat's schon wieder mal genug.

Weiter eilt es frohen Mutes
durch die Stadt und denkt nur Gutes.
Plumps! Da fällt aus Himmelshöh
plötzlich etwas in den Schnee.
Silberstrahl sieht mit Vergnügen
Pitt, den Weihnachtsengel, liegen.

Diesem hat's pressiert natürlich,
und er sauste ungebührlich.
Darum landet er, o weh,
mit der Nase in dem Schnee.

Silberstrahl, der gute Kleine,
hilft dem Pitt jetzt auf die Beine,
dieser ist erstaunt gar sehr:
„Sag mal, wo kommst du denn her?
Alle suchen dich daheim!
Und wo ist dein Sternenschein?"

„Weiß ich nicht", lacht Silberstrahl,
„und es ist mir auch egal."

Voller Eintracht nun die beiden
gegenseitig sich begleiten.

Ach, wie schnell die Zeit vergeht -
Horch, vom Kirchturm schlägt
es Zehn,
sanft der Ton herüberweht -
„Ui", ruft Pitt, „jetzt muß ich
gehn!

Kommst du mit? Das wäre fein,
in drei Tagen flieg' ich heim!"

Silberstrahl erwidert freundlich:
„Ja, das wäre wohl recht schön,
doch ich möcht' beim Schneider Meckel
gerne in die Lehre gehn!"

Seht, Herr Meckel hat schon zwei
Lehrlinge der Schneiderei,
doch alsbald in ihrer Mitten
sieht man Silberstrahl als Dritten
eifrig nähen, sticheln, lachen,
kleine Puppenkleidchen machen.
Höschen, Mäntelchen und Röckchen,
buntgestreifte Puppensöckchen.

        Meister Meckel gibt schön acht,
        daß man alles richtig macht,
        lobt und tadelt da und dort.
        Aber ist der Schneider fort,
        geht es lustig mit Vergnügen
        über Tische, Bänk' und Stiegen.

        Rauf und runter,
                kreuz und quer,
        als ob nichts zu
                schaffen wär'.

Allzuschnell vergeht die Zeit,
und der Schneider kommt zurück.
Es blieb liegen manches Kleid,
doch er merkt es nicht, zum Glück.

Drittentags das Sternlein heiter
wandert wieder einmal weiter.

Fridolin, der Stadtfriseur,
winkt ihm: „Junge, komm' mal her!"

Und bald steht der Kleine hier
vor dem Spiegel als Barbier.

Seht, den Apotheker Klein
seift er grade gründlich ein.
Darauf will er es probieren,
das Rasieren und Barbieren,
und es ginge auch ganz nett,
wenn nicht Silberstrahl, der Gute,
Unglück mit dem Messer hätt'.

„Au!" schreit Apotheker Klein,
„Malefizbub, halte ein!

Schneid'st mir ja die Ohren weg!"
Silberstrahl rennt fort voll Schreck.

Unsres kleinen Sternleins Reise
ist nach diesem Unglück aus.
„Pitt", ruft Silberstrahl ganz leise,
„komm', ich möchte jetzt nach Haus!"

Dunkel wird es in der Stadt,
und die Flocken wehen leise,
auch das Weihnachtsenglein hat
grad beendet seine Reise.

Hier gehn Stern und Engelein
über'n Weihnachtsmarkt zu zwei'n.
Doch dort ist jetzt gar nichts los.
Fest verschlossen und ganz stumm
stehn die Buden klein und groß
auf dem leeren Platz herum.

Plötzlich seh'n die zwei im Dunkeln
über sich was Goldnes funkeln.

„Pitt", ruft Silberstrahl, „halt ein,
sieh, dort hängt mein Sternenschein!"
Wirklich, an der Würstchenbude
hängt am Dach der goldne Schein.
Ach, wie freut sich da der Gute.
„Pitt, jetzt leuchte ich dir heim!"

32

„Gib die Hand mir, Sternenbruder,
halt' dich fest, und gib schön acht,
bald sind wir im Himmel oben,
schneller, als du dir's gedacht!"

Lore Hummel

Guten Abend, gut' Nacht

Worte: volkstümlich
Weise: Johannes Brahms

1. Guten Abend, gut' Nacht, mit Rosen bedacht, mit Näglein besteckt, schlupf unter die Deck: Morgen früh, wenn Gott will, wirst du wieder geweckt, morgen früh, wenn Gott will, wirst du wieder geweckt.

2. Guten Abend, gut' Nacht, von Englein bewacht, die zeigen im Traum dir Christkindleins Baum: Schlaf nun selig und süß, schau im Traum 's Paradies, schlaf nun selig und süß, schau im Traum 's Paradies.

Morgen, Kinder, wird's was geben

2. Wie wird dann die Stube glänzen von der großen Lichterzahl!
Schöner als bei frohen Tänzen ein geputzter Kronensaal.
Wißt ihr noch, wie vor'ges Jahr es am Heil'gen Abend war?

3. Wißt ihr noch mein Räderpferdchen, Malchens nette Schäferin,
Jettchens Küche mit dem Herdchen und dem blankgeputzten Zinn?
Heinrichs bunten Harlekin mit der gelben Violin?

4. Welch ein schöner Tag ist morgen! Neue Freude hoffen wir -
uns're guten Eltern sorgen lange, lange schon dafür.
O gewiß, wer sie nicht ehrt,
ist der ganzen Lust nicht wert!

Worte: K.Fr. Splittegarb
Volksweise

Es schneit

Es schneit, hurra, es schneit
Schneeflocken weit und breit!
Ein lustiges Gewimmel
kommt aus dem grauen Himmel.

Was ist das für ein Leben!
Sie tanzen und sie schweben,
sie jagen sich und fliegen,
der Wind bläst vor Vergnügen.

Und nach der langen Reise,
da setzen sie sich leise
auf's Dach und auf die Straße
und frech dir auf die Nase.
Volksgut

Niklaus ist ein braver Mann

Niklaus ist ein braver Mann,
bringt den kleinen Kindern was.
Die Großen läßt er laufen,
die können sich was kaufen.

Volksgut

Es wird schon gleich dunkel

Es wird schon gleich dunkel,
es wird ja schon Nacht,
drum komm' ich zu dir her,
mein Heiland auf d'Wacht.
Will singen ein Liedlein
dem Kindlein, dem kleinen.
Du magst ja nicht schlafen,
ich hör' dich nur weinen.
Ei, ei, ei, ei,
schlaf' süß, herzlieb's Kind!

Aus Tirol

Drei Spatzen

In einem leeren Haselstrauch,
da sitzen drei Spatzen, Bauch an Bauch.
Der Erich rechts und links der Franz
und mittendrin der freche Hans.

Sie haben die Augen zu, ganz zu,
und oben drüber, da schneit es, hu!

Sie rücken zusammen, dicht, ganz dicht.
So warm wie der Hans hat's niemand nicht.
Sie hör'n alle drei ihrer Herzlein Gepoch.
Und wenn sie nicht weg sind, so sitzen sie noch.

Christian Morgenstern

Vom Himmel hoch, da komm ich her

1. Vom Him-mel hoch, da komm ich her, ich bring euch gu-te, neu-e Mär, der gu-ten Mär bring ich so viel, da-von ich sing'n und sa-gen will.

2. Uns ist ein Kindlein heut gebor'n,
von einer Jungfrau, auserkor'n.
Das Kindelein, so zart und fein,
das soll eur' Freud und Wonne sein!

3. Es ist der Herr Christ, unser Gott,
der will uns führ'n aus aller Not,
er will uns'r Heiland selber sein,
von allen Sünden machen rein!

Worte: Dr. Martin Luther
Choral

47

Der Christbaum

Der Christbaum ist der schönste Baum,
den wir auf Erden kennen.
Im Garten klein, im engsten Raum,
wie lieblich blüht der Wunderbaum,
wenn seine Lichter brennen!

Am Weihnachtsbaum
die Lichter brennen

Am Weihnachtbaum die Lichter brennen,
wie glänzt er festlich, lieb und mild,
als spräch er: „Wollt in mir erkennen
getreuer Hoffnung stilles Bild."

Die Kinder steh'n mit hellen Blicken,
das Auge lacht, es lacht das Herz.
O fröhlich, seliges Entzücken!
Die Alten schauen himmelwärts.

Zwei Engel sind hereingetreten,
kein Auge hat sie kommen seh'n,
sie geh'n zum Weihnachtstisch und beten
und wenden wieder sich und geh'n.

„Gesegnet seid ihr, alte Leute,
gesegnet seist du, kleine Schar!
Wir bringen Gottes Segen heute
dem braunen, wie dem weißen Haar."

Kein Ohr hat ihren Spruch vernommen,
unsichtbar jedes Menschen Blick
sind sie gegangen wie gekommen;
doch Gottes Segen blieb zurück.

Sternlein in der Himmelswerkstatt

Einmal saß Sternlein auf der Treppe vor dem großen Himmelstor.

Es schaute den tanzenden Schneeflocken zu und sang Weihnachtslieder, weil es hoffte, daß jemand im Himmel vielleicht den Gesang
hören und fragen würde, ob es die Himmelswerkstatt sehen wolle,
denn seit langem war dies sein sehnlichster Wunsch.
Das Sternlein hieß Nicki, und der Abendstern war sein Großvater.
Der hätte freilich ganz einfach an das goldene Tor anklopfen und
sagen können: „Hier ist mein Enkel Nicki, der so gerne einmal
eure Werkstatt sehen möchte." Aber der Großvater war nicht hier.
Er ging gerade über der Erde auf, weil er der erste am Abendhimmel
sein mußte.

„Schlaa-haaf in himmlischer Ruu-huu", sang das Sternlein, als der
Postengel auf der Straße der Weihnachtsengel dahertrödelte.
Es eilte ihm kein bißchen, obwohl er genau wußte, daß man im
Himmelspostamt schon lange auf die vielen Wunschzettel und Briefe
wartete, die er in der Tasche trug.

Als der Postengel das Sternlein sitzen sah,
nahm er seine blaue Mütze vom
Kopf und winkte ihm damit.
Nicki hörte auf zu singen.
„Blauer-Mützen-Engel", rief er,
„darf ich mit dir kommen?
Ich möchte so gerne eure
Werkstatt sehen und die
Backstube und …"
„Komm nur!" lachte der Engel.
Nicki hob einen Brief auf,
der gerade aus der
Posttasche gefallen war.

53

Dann läuteten sie an der großen Glocke. Es wurde geöffnet, und die beiden traten ein.

Sie kamen in eine Halle, die war so groß, wie eben nur die Himmelshalle sein kann. An der Decke hingen blaue, rote und grüne Kugeln, und goldene Glitzersterne funkelten dazwischen. Gleich hinter dem Tor standen drei neugierige Engel, die sehen wollten, wer da kommt. Einer von ihnen war schokoladenbraun, hatte schwarze Locken, die wie Schäfchenwolle aussahen, und trug einen bunten Turban auf dem Kopf. Der andere mit dem schwarzen Zopf und dem gelben Gesicht war ein Chinesenengel. Der dritte hatte blonde Locken. Er streckte Nicki zur Begrüßung gleich beide Hände entgegen.

Inzwischen waren noch mehr Engelein hereingekommen. Eines von ihnen hatte eine Laterne bei sich. Als es hörte, daß das Sternlein die Himmelswerkstatt sehen wollte, zündete es die Laterne gleich an, um zu leuchten, obwohl es sowieso schon so hell war. „Komm mit", rief der Laternenengel und hakte sich bei Nicki ein. Sie gingen über eine kleine Wolkenbrücke zur Bäckerei, die der größte Raum der Himmelswerkstatt war, denn nicht nur alle Kinder wünschen sich zum Weihnachtsabend neben ihren Spielsachen einen Teller mit Leckereien, auch Väter, Mütter, Omas und Opas, Tanten und Onkel mögen diese Dinge gern.

Als der Laternenengel die Türe öffnete, strömte ihnen ein feiner Duft von Zimtsternen, Makronen und Pfefferkuchen entgegen. Nicki schnupperte wie ein kleiner Hase, denn in den Sternenstraßen am Abendhimmel roch es nie so süß.

Das erste, was unser Sternlein in der Backstube sah, war der große behäbige Kachelofen, der in der Ecke stand. Auch in ihm wurde noch gebacken, denn die elektrischen Backöfen reichten in der Weihnachtszeit nicht aus. Dieser Kachelofen gefiel Nicki gleich am besten. Er war so schön dick und warm und grün, daß man sich einfach zu ihm setzen mußte.

Das Sternlein sah nun den Backengelein bei der Arbeit zu. Eines rührte den Teig, und immer, wenn niemand herschaute, schleckte es davon. Ein anderes glasierte dicke, braune Honiglebkuchen, und der Küchenmeisterengel paßte auf, daß nichts verbrannte.

Nicki durfte von den goldgelben Plätzchen versuchen, die gerade aus dem Ofen kamen, und dann selbst ein Blech mit Teig belegen. Es gefiel ihm prima in der Bäckerei. Nur die Zeit verging viel zu schnell.

Zum Abschied bekamen Nicki, der Blaue-Mützen-Engel und der Laternenengel jeder noch einen Zimtstern zu versuchen.

Dann ging es weiter zur Spielzeugwerkstatt. Dort wurde gehämmert, gesägt, geklopft und geleimt. Hubschrauber, Flugzeuge, Raketen, ja sogar ganze Autobahnen wurden angefertigt, und ein Kasperl probierte aus, ob man mit dem Leiterwagen auch fahren kann.

Noch nie hatte das Sternlein so viele schöne Dinge gesehen. Es durfte alles in die Hand nehmen. Eine Spieldose, die „Stille Nacht, heilige Nacht" spielen konnte, gefiel ihm am besten. Am liebsten hätte Nicki sie gar nicht mehr hergegeben. Er brauchte es auch nicht, denn ein Englein mit grünem Ringelpulli, das gerade Räder an der Holzeisenbahn befestigte, schenkte sie ihm. Nicki freute sich sehr. Er stellte sich die erstaunten Gesichter der anderen Sterne vor, wenn er ihnen morgen das schöne Weihnachtslied vorspielen würde.

Soeben kam der Mohrenengel vorbei. Er hatte eine frisch lackierte Puppenwiege unter dem Arm, die er zur Nähstube hinüberbrachte. Dort waren sehr viele Engelein damit beschäftigt, Puppenkleidchen, Höschen und Jäckchen zu nähen, zu sticken, Mützchen zu stricken und zu häkeln. Überall lagen kleine Strümpfe, Schuhe und Hüte herum, und dazwischen lag ein Kasperle, das auf seine neue Zipfelmütze wartete.

Der Mohrenengel stellte die Wiege auf den Boden.
Dann kamen Kissen und Decken hinein und zuletzt ein
allerliebstes Puppenbaby.

Unser Sternlein lief indessen in der Nähstube herum und sah zu, wie gearbeitet wurde.

Ein rothaariger Engel lachte es an. Er saß in der Ecke und klebte eine kleine Krone zusammen. „Ach, wenn ich das auch könnte", seufzte das Sternlein. „Probier's doch", meinte der Engel, und Nicki bekam Goldpapier, eine Schere und Klebstoff. Bald war er so in die Arbeit vertieft, daß seine Bäckchen glühten.

Er schnitt Zacken aus, große und kleine, klebte sie zusammen und siehe da - die Krone war fertig.

„Das hast du aber fein gemacht", lobten alle.

Der Engel mit den roten Haaren fragte: „Möchtest du einen Rauschgoldengel basteln? Wenn er schön wird, kannst du ihn mit nach Hause nehmen."

„Oh ja!" jubelte Nicki.

Der Laternenengel brachte Knetwachs für den Kopf, buntes Papier und Engelshaar. Nicki werkelte nun mit großem Eifer. Ihr hättet sehen sollen, was für ein schöner Rauschgoldengel das wurde. Sogar eine Trompete zum Blasen bekam er in die Hand.

Jeder bewunderte Nickis Arbeit, und er war so glücklich, daß er in der Nähstube herumtanzte.

Der Blaue-Mützen-Engel, der überall und nirgends zu finden war, kam herein: „Komm, Nicki, ich zeige dir unsere Himmelspost."
„Fein", rief das Sternlein, „aber ich muß mich zuerst noch bei allen bedanken, die mir beim Basteln geholfen haben."

Sie gingen nun wieder über eine Wolkenbrücke und kamen an ein Tor, auf dem „Postamt" geschrieben stand. Drinnen saß der Weihnachtsmann an seinem Schreibtisch. Er telefonierte gerade. Schachteln, Pakete, große und kleine Päckchen wurden verschnürt, die Adressen aufgeklebt und ein Stempel draufgedrückt.

Als der Weihnachtsmann aufhörte zu telefonieren, winkte er das Sternlein zu sich. „Das ist ja der kleine Nicki, der Enkel vom Abendstern!" Er sah sich den Rauschgoldengel an und lobte ihn sehr. „Na, Nicki, möchtest du in unserem Weihnachtsschlitten mit zur Erde fahren?" Und ob unser Sternlein mochte! „Gerne, lieber Weihnachtsmann", rief es außer sich vor Freude, und dann dachte es: „Vielleicht kann ich meinen Engel und die Spieldose der kleinen kranken Andrea bringen, der ich immer zuzwinkere, wenn sie abends von ihrem Bettchen aus zu mir heraufsieht.
Sicher freut sie sich über die Geschenke.

Ob die anderen Sterne die Spieldose nun sehen können oder nicht, ist nicht so wichtig."

Der Blaue-Mützen-Engel ging nun mit ihm in den Wolkenhof, wo schon der goldene Schlitten stand.

Die Postengelein waren eifrig
damit beschäftigt, ihn vollzupacken,
und immer, wenn man meinte,
es ginge nichts mehr hinein,
ging doch noch etwas
hinein.

Als alles untergebracht war, wurden sechs Schimmel angespannt.
Sie sausten abwärts über die Milchstraße, an der Sternenwiese vorbei
und durch unzählige Wolkenstraßen. Die Engelein hatten Nicki in
die Mitte genommen und hielten ihn fest, damit er nicht hinausfallen
konnte.

Sie landeten draußen vor der Stadt. Die Weihnachtsengel stiegen aus,
nahmen die Pakete aus dem
Schlitten, und jeder flog
in eine andere Richtung.

Der Blaue-Mützen-Engel war natürlich auch da. Er führte das Sternlein zu dem Haus, in welchem die kranke Andrea wohnte. Der Rauschgoldengel wurde behutsam in den Schnee gestellt und die Spieldose daneben. Nicki läutete. Dann liefen beide weg und versteckten sich.

Die Mutter des kleinen Mädchens kam heraus. Als sie die Geschenke erblickte, rief sie: „Andrea, sieh nur, was dir das Christkind gebracht hat!" Rasch nahm sie den Rauschgoldengel und die Spieldose und lief ins Haus.

Die beiden in ihrem Versteck lachten sich zu. Aus dem Zimmer hörte man den Jubel des kranken Kindes, und Nicki sagte: „So ein schönes Weihnachtsfest habe ich noch nie erlebt. Ich muß den anderen Sternen davon erzählen."

Lore Hummel

Knecht Ruprecht

Von drauß', vom Walde komm ich her;
ich muß euch sagen, es weihnachtet sehr!
Allüberall auf den Tannenspitzen
sah ich goldene Lichtlein sitzen;
und droben aus dem Himmelstor
sah mit großen Augen das Christkind hervor,
und wie ich so strolcht' durch den finstren Tann,
da rief's mich mit heller Stimme an:

„Knecht Ruprecht", rief es,
„alter Gesell,
hebe die Beine und
spute dich schnell!
Die Kerzen fangen zu brennen an,
das Himmelstor ist aufgetan;
Alt und Junge sollen nun
von der Jagd des Lebens
einmal ruhn;
und morgen flieg ich
hinab zur Erden,
denn es soll wieder
Weihnachten werden."
Ich sprach: „O lieber Herre Christ,
meine Reise fast zu Ende ist;
ich soll nur noch in diese Stadt,
wo's eitel gute Kinder hat."

„Hast denn das Säcklein
auch bei dir?"
Ich sprach: „Das Säcklein,
das ist hier,
denn Äpfel, Nuß und Mandelkern
essen fromme Kinder gern."
„Hast denn die Rute
auch bei dir?"
Ich sprach: „Die Rute, die ist hier:
Doch für die Kinder nur,
die schlechten,
die trifft sie auf ein Teil,
den rechten."
Christkindlein sprach:
„So ist es recht;
so geh mit Gott,
mein treuer Knecht."

Von drauß' vom Walde komm ich her;
ich muß euch sagen, es weihnachtet sehr!
Nun sprecht, wie ich's hierinnen find!
Sind's gute Kind, sind's böse Kind?

Theodor Storm

Holler, boller, Rumpelsack

Holler, boller, Rumpelsack,
Niklas trug sein Huckepack,
Weihnachtsnüsse, gelb und braun,
runzlich, punzlich anzuschaun.

Knackt die Schale, springt der Kern,
Weihnachtsnüsse eß ich gern.
Komm bald wieder in mein Haus,
alter, guter Nikolaus!

Volksgut

Ihr Kinderlein, kommet

1. Ihr Kinderlein, kommet, o kommet doch all, zur Krippe her kommet in Bethlehems Stall, und seht, was in dieser hochheiligen Nacht der Vater im Himmel für Freude uns macht.

2. O seht in der Krippe im nächtlichen Stall,
seht hier bei des Lichtleins hellglänzendem Strahl
den lieblichen Knaben, das himmlische Kind,
viel schöner und holder, als Engelein sind.

3. Da liegt es, ihr Kinder, auf Heu und auf Stroh,
Maria und Josef betrachten es froh,
die redlichen Hirten knien betend davor,
hoch oben schwebt jubelnd der Engelein Chor.

4. O beugt, wie die Hirten, anbetend die Knie,
erhebet die Händlein und danket wie sie,
stimmt freudig, ihr Kinder, wer wollt' sich nicht freu'n,
stimmt freudig zum Jubel der Engel mit ein!

Worte: Christoph von Schmid

Der Winter ist die schönste Zeit

Der Winter ist die schönste Zeit!
Was kann wohl schöner sein?
Wenn auch die ganze Welt verschneit,
und alles friert zu Stein.
Und mitten drin, o Seligkeit,
da strahlt der Weihnachtsschein!
Der Winter ist die schönste Zeit!
Was kann wohl schöner sein?

Hoffmann von Fallersleben

O Tannenbaum, o Tannenbaum

O Tannenbaum, o Tannenbaum, wie treu sind deine Blätter! Du grünst nicht nur zur Sommerzeit, nein, auch im Winter, wenn es schneit; o Tannenbaum, o Tannenbaum, wie treu sind deine Blätter.

2. O Tannenbaum, o Tannenbaum,
du kannst mir sehr gefallen!
Wie oft hat nicht zur Weihnachtszeit
ein Baum von dir mich hoch erfreut!
O Tannenbaum, o Tannenbaum,
du kannst mir sehr gefallen.

Worte: August Zarnack und Ernst Anschütz

Kinder, kommt

Kinder, kommt und ratet,
was im Ofen bratet.
Hört, wie's knallt und zischt.
Bald wird aufgetischt
der Zipfel, der Zapfel,
der Kipfel, der Kapfel,
der gelbrote Apfel.

    Kinder lauft schneller,
    holt einen Teller,
    holt eine Gabel,
    sperrt auf den Schnabel.

        Sie prusten und pusten,
        sie gucken und schlucken,
        sie schnalzen und schmecken,
        sie lecken und schlecken
        den Zipfel, den Zapfel,
        den Kipfel, den Kapfel,
        den knusprigen Apfel.

Volksgut aus Bayern

Kling, Glöckchen

Kling, Glöckchen, klingelingeling,
kling, Glöckchen, kling!
Laßt mich ein, ihr Kinder,
's ist so kalt der Winter.
Öffnet mir die Türen,
laßt mich nicht erfrieren!
Kling, Glöckchen, kling.
volkstümlich

Kommet, ihr Hirten

1. Kommet, ihr Hirten, ihr Männer und Frau'n,
kommet, das liebliche Kindlein zu schaun.
Christus, der Herr ist heute geboren,
den Gott zum Heiland euch hat erkoren:
Fürchtet euch nicht! Fürchtet euch nicht!

2. Lasset uns sehen in Bethlehems Stall,
was uns verheißen der himmlische Schall;
was wir dort finden, lasset uns künden,
lasset uns preisen in frommen Weisen.
Halleluja! Halleluja!

3. Wahrlich, die Engel verkündigen heut
Bethlehems Hirtenvolk gar große Freud:
Nun soll es werden Frieden auf Erden,
den Menschen allen ein Wohlgefallen.
Ehre sei Gott!

Worte: Karl Riedel -
Volkslied aus Böhmen

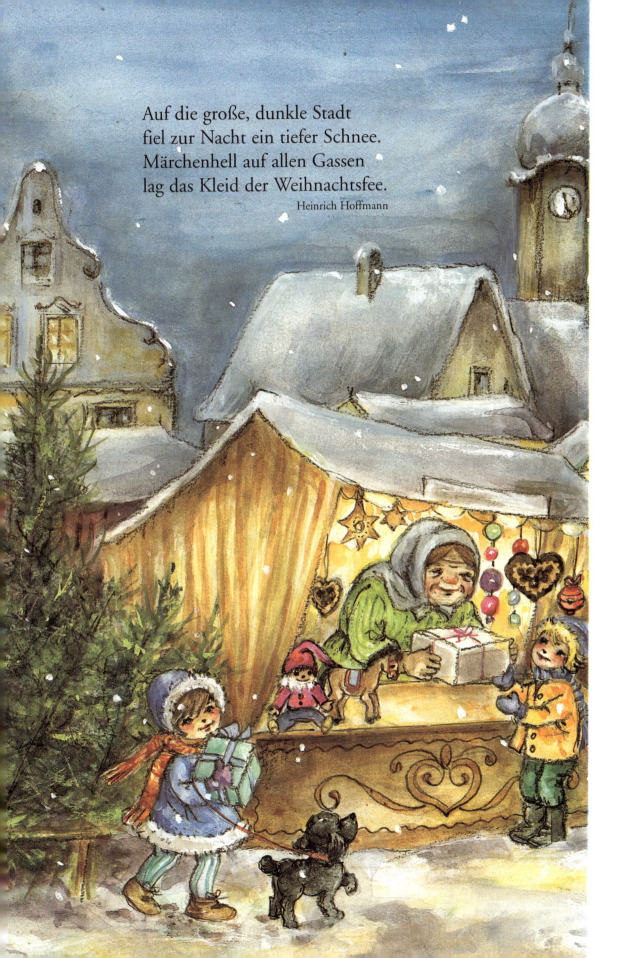

Auf die große, dunkle Stadt
fiel zur Nacht ein tiefer Schnee.
Märchenhell auf allen Gassen
lag das Kleid der Weihnachtsfee.

Heinrich Hoffmann

Kinderfreud' zur Weihnachtszeit

„Wir haben Hunger!" piepsen die Meisen im Dezember.
Es schneit. Dicke Watteflocken fallen vom grauen Himmel.
Der Kirchturm ist weiß. Der Zaunpfahl trägt eine
federleichte Pudelmütze. Durch die kalten Alleebäume
pfeift der Nordwind.
Die Blautanne im Garten bricht fast unter der
Last von Schnee zusammen.

„Wir wollen den Vögeln im Garten ein Futterhäuschen
bauen", sagt Opa Besenstiel zu seinen Enkelkindern
Jörg und Mirjam.

Bald hängt ein hübsches Häuschen im Garten.
Da freuen sich die fröhlich zwitschernden Wintergäste.

Der Schneemann Johann Glitzerweiß steht stolz und dick neben der Gartenpforte. Er hat Kohleknöpfe am weißen Wams. Eine große rote Möhre trägt er als Nase, und ein Kochtopf ziert sein fußballgroßes Haupt. Mirjam und Jörg freuen sich über Johann Glitzerweiß. Sie haben ihn gestern gebaut, und er ist ganz unversehrt.
Dem standhaften Schneemann gefällt es im Frost.
Er liebt Kälte und haßt den Sonnenschein.

Der Schäferhund des Nachbarn beschnuppert ihn.
Freche Schulbuben werfen nach ihm einen Schneeball.
Die Schwarzamsel schaukelt sich auf seinem Besen.
Ein frecher Spatz nutzt den flachen Eisentopf
als Landeplatz.
Aber Johann Glitzerweiß regt sich nicht
darüber auf.

Früh am Morgen müssen Mirjam und Jörg in die Schule
gehen. Der Nachbar führt seinen Schäferhund Gassi.
Der riecht wieder einmal an Johann Glitzerweiß.
Irgend etwas stimmt hier nicht: Dem Schneemann fehlt
die rote Nase! Eine hungrige Krähe hat sie ihm weggepickt.
Nun liegt sie im Schnee.

Wer vergaß, die hungrigen Wintervögel zu füttern?
Das Versäumte ist schnell nachgeholt.
Die Amseln, Kohlmeisen, Finken und Spatzen danken
für die Spende mit einem fröhlichen Zwitscherlied.

Die Kinder schwitzen in der Schule. Sie lernen Lesen,
Schreiben, Singen, Zeichnen und Mengenlehre.
Und sie proben ein Krippenspiel zur Weihnachtsfeier!

Maria und Josef stehen neben der Krippe mit dem
Jesuskind. Hirten knien davor, und ein Engelschor singt.
Fröhlich und feierlich klingen die Weihnachtslieder.
Schade, schon sind die Proben zu Ende.
Mirjam und Jörg freuen sich auf den Heimweg!

Am Nachmittag fährt Mirjam zum Schlittschuhlaufen.
Auf dem Eisplatz sind viele Kinder und Erwachsene,
die sich auf der Eisfläche vergnügen.

Mirjams Schulkamerad Robert ist hart auf die Nase gefallen.
Doch wer wird deswegen weinen? Robert nie!

Was haben Jörg und der Opa den Nachmittag über gemacht? Mirjam weiß es nicht. Als sie nach Hause geht, dämmert es schon. Die Autos in den Straßen fahren mit Licht. Die Laternen brennen, und der Schnee schluckt alle Geräusche.
Leise bimmelt die Straßenbahn.
Große Lieferwagen gleiten über den Asphalt wie auf Gummischuhen. Sie sind vollgepackt mit Geschenk-Paketen.
Auf einem Laster werden Tannenbäume transportiert.
Aus Omnibussen winken mit Päckchen beladene Frauen.

Im Vorgarten ist es totenstill. Johann Glitzerweiß steht neben der Pforte. Wie immer. Mirjam geht den geräumten Plattenweg entlang.
Da schnarrt eine grobe Männerstimme sie an: „Hallo, Mirjam! Hast du meinen gefiederten Freunden heute schon Körner gestreut?"
Das Mädchen bleibt erschrocken stehen. Am liebsten würde es wegrennen. Es weiß nicht, woher die Stimme kommt.

Im Garten und auf der Straße ist kein Mensch zu sehen.
Kein Mensch und kein Auto. Nichts!
Doch schon wieder spricht die dunkle Stimme:
„Warum antwortest du nicht?"
Kein Zweifel, es ist Johann Glitzerweiß,
der mit ihr redet.
Er redet blechern.
Mirjam hört nicht länger zu.
Sie rennt zur Haustür,
so schnell sie kann.
Ihr blondes Haar unter
der Mütze flattert im
Winterwind.
Atemlos hat
sie das Haus erreicht.
Jetzt ist sie in Sicherheit.

Die Familie sitzt um den brennenden Adventskranz. Die Mama will ein Weihnachtslied anstimmen.
Doch Jörg gluckst und kichert ständig.
Auch Opa Besenstiel grinst verschmitzt und schmaucht an seinem Pfeifchen.
Mirjam erzählt nichts von dem, was sie erlebt hat. Ein wenig schämt sie sich auch, daß sie so furchtsam war. Aber sie wird der Sache auf den Grund gehen.
Das Mädchen glaubt nicht an Gespenster, auch nicht an sprechende Schneemänner.
Sprechende Schneemänner gibt es nicht!

Am nächsten Tag erzählt sie ihrem Spielfreund Sascha die seltsame Geschichte. Gemeinsam schauen sie sich Johann Glitzerweiß genau an. Aha: Ein Kabel läuft vom Rücken des Schneemanns zum Haus!

Opa Besenstiel und Jörg sind große Bastler. Sie haben dem Schneemann Johann Glitzerweiß einen Lautsprecher eingebaut! Mit Opas verstellter Stimme konnte der Schneemann reden und schimpfen.

Großes Versöhnungsfest am Heiligen Abend bei Kakao,
Napfkuchen und Weihnachtsplätzchen.
Oma Besenstiel hat sogar einen Christstollen gebacken.
Dies wird ein fröhlicher Schmaus!
Der Weihnachtsbaum ist schon schön geschmückt.
Heute soll er zum ersten Mal brennen.
Die Kerzen funkeln, sprühen und glitzern.
Das Lametta zittert im silbernen Lichtschein,
und die bunten Kugeln blitzen.

Omas Hauskatze Pucki möchte gern von den Plätzchen
naschen. Sie darf mithalten! Sie sitzt am Katzentisch und
leckt sich den Bart.
Es ist urgemütlich in Großmutters Stube, wenn am Fenster
leise die Flocken wirbeln und der Tag zu Ende geht …

Mit Rodeln und Schneeballschlachten vergeht der Dezember.
Mirjam und Jörg sind immer dabei.
Sie haben jetzt Weihnachtsferien.
Opa Besenstiel fährt mit dem Rodelschlitten den steilsten
Hang hinunter. Sein roter Schal flattert im Fahrtwind.
Die Kinder können nur staunen, wie flink der sportliche
Opa ist!

Viel zu schnell vergeht die Weihnachtszeit.
Gelb und groß schwebt der runde Vollmond am frostklaren Nachthimmel dahin. Die Sterne funkeln aus weiter Ferne.
In solchen Nächten fliegen die Engel durch den Himmelsraum, und die friedliche Welt hält den Atem an.
In solchen Nächten fühlt sich auch Johann Glitzerweiß wohl.

Das Weihnachtsfest ist vorüber.
Das neue Jahr steht vor der Tür. Von fernher läuten die Silvesterglocken. Nicht mehr lange wird's dauern, dann hält der Karneval seinen Einzug.
Beim Fasching geht es so heiß her, daß Johann Glitzerweiß schmelzen muß.
Noch hängt der Rauhreif in den Fichten und Birken.
Doch tief unter dem Schnee keimt neues Leben.

Bruno Horst Bull

Der Pfefferkuchenmann

Der Pfefferkuchenmann,
er freut sich auf den Weihnachtsbaum,
da möcht er drunter stehn.
Den Lichterglanz - ihr glaubt es kaum -
den will er sich besehn
mit Augen von Korinthen
und Mandeln drum und dran.
Wie herrlich wird er's finden,
der Pfefferkuchenmann.

Es gibt nichts Schön'res

Es gibt nichts Schön'res auf der Welt,
als wenn das Christkind Einzug hält
ins Haus, ins liebe Vaterhaus,
trotz Sturmgetön und Wetterbraus.

Es kommt so still in heil'ger Nacht
durch Schneegeflock und Eises Pracht,
Begleiter ist der Weihnachtsmann,
der trägt, was er nur tragen kann.

Volksgut

Es ist ein Ros' entsprungen

1. Es ist ein Ros'entsprungen aus einer Wurzel zart,
wie uns die Alten sungen, von Jesse kam die Art.
Und hat ein Blümlein bracht, mitten im kalten
Winter wohl zu der halben Nacht.

2. Das Blümlein, das ich meine, davon Jessaia sagt,
hat uns gebracht alleine Marie, die reine Magd.
Aus Gottes ew'gem Rat
hat sie ein Kind geboren wohl zu der halben Nacht.

3. Das Blümelein, das kleine, das duftet uns so süß;
mit seinem hellen Scheine vertreibt's die Finsternis,
wahr Mensch und wahrer Gott,
hilft uns aus allem Leide, rettet von Sünd und Tod.

aus dem Rheinland, 16. Jh.

Die heiligen drei Könige

Die heiligen drei Könige aus Morgenland,
sie fragten in jedem Städtchen:
„Wo geht der Weg nach Bethlehem,
ihr lieben Buben und Mädchen?"

Die Jungen und Alten, sie wußten es nicht.
Die Könige zogen weiter.
Sie folgten einem goldenen Stern,
der leuchtete freundlich und heiter.

Der Stern blieb stehen über Josefs Haus,
da sind sie hineingegangen;
das Öchslein brüllte, das Kindlein schrie,
die heiligen drei Könige sangen.

Heinrich Heine

O du fröhliche, o du selige

1. O du fröhliche, o du selige,
gnadenbringende Weihnachtszeit!
Welt ging verloren,
Christ ist geboren:
freue, freue dich, o Christenheit!

2. O du fröhliche, o du selige,
gnadenbringende Weihnachtszeit!
Christ ist erschienen,
uns zu versühnen:
Freue, freue dich, o Christenheit!

3. O du fröhliche, o du selige,
gnadenbringende Weihnachtszeit!
Himmlische Heere
jauchzen dir Ehre:
Freue, freue dich, o Christenheit!

Worte: Johannes Falk
Melodie: O Sanctissima

Sehet, der hier vor euch steht

Sehet, der hier vor euch steht,
ist ein Engel aus dem Himmel,
von den Sternen hergeweht
in das irdische Gewimmel.

Und ihr stehet wie im Traum –
und auf einmal seht ihr wieder
Kerzenglanz und Tannenbaum
und hört alte Weihnachtslieder.

Detlev von Liliencron

Gebet eines Kindes

Du lieber, heil'ger, frommer Christ,
der für uns Kinder kommen ist,
damit wir sollen weis' und rein
und echte Kinder Gottes sein.

Du heil'ger frommer Christ,
weil heute dein Geburtstag ist,
drum ist auf Erden weit und breit
bei allen Kindern frohe Zeit.

O segne mich, ich bin noch klein,
o mache mir das Herze rein!
O bade mir die Seele hell
in deinem reichen Himmelsquell!

Ernst Moritz Arndt

Stille Nacht, heilige Nacht

1. Stille Nacht, heilige Nacht! Alles schläft, einsam wacht nur das traute hochheilige Paar. Holder Knabe im lockigen Haar, schlaf in himmlischer Ruh, schlaf in himmlischer Ruh.

2. Stille Nacht, heilige Nacht!
Hirten erst kund gemacht.
Durch der Engel Halleluja
tönt es laut von fern und nah:
Christ, der Retter ist da!
Christ, der Retter ist da!

3. Stille Nacht, heilige Nacht!
Gottes Sohn, o wie lacht
Lieb aus deinem göttlichen Mund,
da uns schlägt die rettende Stund,
Christ, in deiner Geburt.
Christ, in deiner Geburt.

Worte: Joseph Mohr

Im kleinen Stall

Im kleinen Stall zu Bethlehem
ward diese Nacht geboren
der König von Jerusalem,
zum Heiland uns erkoren.
Er liegt auf Heu,
er liegt auf Stroh,
in Linnen sanft gebettet.
Von Sünden uns er rettet.
Aus Holland

Christkind kam in den Winterwald

Christkind kam in den Winterwald,
der Schnee war weiß, der Schnee war kalt.
Doch als das heil'ge Kind erschien,
fing's an, im Winterwald zu blühn.

Christkindlein trat zum Apfelbaum,
erweckt ihn aus dem Wintertraum:
„Schenk Äpfel süß, schenk Äpfel zart,
schenk Äpfel mir von aller Art!"

Da regnet's Äpfel rings umher,
Christkindleins Taschen wurden schwer.
Nun, holde Mäulchen, kommt, verzehrt,
was euch Christkindlein hat beschert.

Ernst von Wildenbruch

Auf einem gold'nen Schimmel

Auf einem gold'nen Schimmel
reitet's Christkind vom Himmel,
bringt ein' Sack guter Sachen,
daß die Kinder grad' lachen.

Und der Schnee, der tut glitzen,
und die Sterne, die blitzen,
und die Kerzen im Dunkeln,
seht, wie sie funkeln!

Was hat's zu bedeuten,
daß die Glocken so läuten?
Und die Büchsen so krachen
und solch Getöse machen?

Horch! Da hört man was singen,
und lieblich tut's klingen:
„O du heilige Nacht,
hast's Christkind gebracht."

Volksgut

Josef, lieber Josef mein

1. Jo-sef, lie-ber Jo-sef mein, hilf mir wie-gen mein Kin-de-lein. Gott, der wird dein Loh-ner sein im Him-mel-reich, der Jung-frau Sohn, Ma-ri-a.

2. Gerne, lieb Maria mein,
helf ich dir wiegen dein Kindelein.
Gott, der wird mein Lohner sein
im Himmelsreich, der Jungfrau Sohn, Maria.

3. Freue dich, o Christenschar,
denn der himmlische König klar
nahm die Menschheit offenbar,
den uns gebar die reine Magd Maria.

Wiegenlied aus dem 14. Jh.

Drei Könige

Drei Könige wandern aus Morgenland,
ein Sternlein führt sie zum Jordanstrand.
In Juda fragen und forschen die drei,
wo der neugeborene König sei.
Sie wollen Weihrauch, Myrrhen und Gold
zum Opfer weihen dem Kindlein hold.

Peter Cornelius